Inhalt

Volkswirtschaftliche Implikationen der Informationsgesellschaft

Kernthesen

Beitrag

Fallbeispiele

Weiterführende Literatur

Impressum

Volkswirtschaftliche Implikationen der Informationsgesellschaft

F.Muretta

Kernthesen

- Der Wandlungsprozess zur Informationsgesellschaft kann in Deutschland nur dann erfolgreich weitergeführt werden, wenn eine größere gesellschaftliche und wirtschaftliche Dynamik entwickelt wird. Es besteht Handlungsbedarf in Wirtschafts- und Technologiepolitik, sowie in Bildungs- und Forschungspolitik.
- Die Informations- und Kommunikationstechnologie ermöglicht - richtig angewandt -

Produktivitätssteigerung und Beschäftigungszuwachs.
- Angesichts der technologischen und wirtschaftlichen Entwicklungen der letzten zwanzig Jahre befinden sind die westlichen Industrienationen in einem Entwicklungsstadium, welches als wissensbasierte Dienstleistungsgesellschaft bezeichnet werden kann.

Beitrag

Mit Informationsgesellschaft wird eine Gesellschaftsform bezeichnet, in der die Schaffung, Verarbeitung und Verbreitung von Wissen und Information im Zentrum des menschlichen Wirtschaftens und Handelns steht. (3)

Seit drei Jahrzehnten nimmt die Bedeutung von Wissens- und Informationsvermittlung stetig zu. Der informations- und kommunikationstechnologische Fortschritt ermöglicht immer kostengünstigere Wege, Informationen zu speichern und zu verarbeiten - die zunehmende Vernetzung, insbesondere in Form des Internet, erhöht die Geschwindigkeit des Informationsaustauschs und ermöglicht neuartige Formen der Kommunikation und Zusammenarbeit.

Diese Entwicklung hatte ihren bisherigen Höhepunkt Ende der neunziger Jahre in Form der New Economy. Während dieser Zeit hat sich ein neuer Sektor der Gesamtwirtschaft herausgebildet, der vor allem Unternehmen beinhaltet, die im Zuge der Verbreitung des Internets entstanden sind oder durch die Internettechnologie mit radikalen Veränderungen konfrontiert waren. Wie sich später herausstellte, wurde das Potential der informationstechnologischen Revolution und vor allem die dafür notwendige Anpassungsfähigkeit der gesellschaftlichen und ökonomischen Strukturen überschätzt. Nach dem Niedergang der New Economy und der erneuten Konfrontation mit weiterhin ungelösten Strukturproblemen wie Massenarbeitslosigkeit und unzureichendem gesamtwirtschaftlichem Wachstum, besteht nun allerdings die Gefahr, das informationstechnologische Potential zukünftig zu unterschätzen. Technologische Innovationen setzen sich aber meist nur langsam durch. Das wahre Potential einer tief greifenden Innovation wie der Internettechnologie entfaltet sich erst dann, wenn die Verbreitung der Technologie weiter fortschreitet und effizientere Produktionsprozesse und verfahren auf breiter Basis realisiert werden können.
Der Wandlungsprozess, der die westlichen Industriegesellschaften allmählich in Informationsgesellschaften überführt, ist nicht mehr

aufzuhalten. Wir befinden uns jedoch erst am Anfang dieses Prozesses.

Die wissensintensive Dienstleistungsgesellschaft Auf dem Weg in die Informationsgesellschaft

Seit über zwanzig Jahren zeichnet sich in den Ökonomien der westlichen Welt ein zweifacher Strukturwandel ab:

-Wissens- und forschungsintensive Branchen, welche hohe Ansprüche an die Qualifikation der Belegschaft stellen, wachsen erheblich schneller und nachhaltiger als traditionelle industrielle Wirtschaftszweige, welche weniger hoch qualifiziertes Personal benötigen.

-Während sich der industrielle Sektor derzeit lediglich bescheiden entwickelt, wird das wirtschaftliche Wachstum hauptsächlich vom Dienstleistungssektor getragen.

Der Bedeutungszuwachs des Dienstleistungssektors ist hauptsächlich darauf zurückzuführen, dass die

Industrie in den letzten Jahren vermehrt Dienstleistungen in Anspruch nimmt, welche durch die Entwicklung der Informations- und Kommunikationstechnologie erst ermöglicht wurden. Die Wettbewerbsfähigkeit produzierender Unternehmen wird heute immer weniger durch das eigentliche Produkt bestimmt viel wichtiger ist das Gesamtangebot, welches neben dem Produkt eine Reihe von zugehörigen Dienstleistungen wie Wartung, Logistik, Schulung, etc. beinhaltet. Die daraus resultierende verstärkte Arbeitsteilung erhöht die Beschäftigung und die Wertschöpfung im Dienstleistungssektor zu Lasten des industriellen Sektors. Darüber hinaus fördert das Wachstum des Dienstleistungssektors durch eine Stärkung des Informations- und Kommunikationstechnologiesektors wiederum die eigentliche Triebkraft Technologie. (3)

Die Intensivierung des Einsatzes von Forschung und Wissen führt zu einer Erhöhung der durchschnittlichen Arbeitsproduktivität, vor allem im Bereich der wissensintensiven Dienstleistungen.

Hürden

Eine der größten Hürden auf dem Weg in die Informationsgesellschaft ist die unzureichende wirtschaftliche und gesellschaftliche Dynamik unserer Zeit. Die in der Industriegesellschaft noch gültigen Strukturen müssen um ein vielfaches flexibler werden, damit sie den Anforderungen einer wissensbasierten Gesellschaft genügen. Entscheidend für die internationale Wettbewerbsfähigkeit einer Volkswirtschaft ist dabei die Geschwindigkeit, mit der sie den Wandel vollziehen kann. Für eine gesamtwirtschaftliche Produktivitätssteigerung durch Informations- und Kommunikationstechnologie ist es nicht nur erforderlich, dass entsprechende Anbieter existieren den größten Beitrag hierfür müssen diejenigen Unternehmen leisten, welche die neuen Technologien erfolgreich anwenden. Eine wichtige Rolle spielt somit die Durchdringung der traditionellen Wirtschaftsstrukturen mit Informations- und Kommunikationstechnologie. Verglichen mit anderen hoch entwickelten Industrienationen kann Deutschland diesbezüglich keinen der ersten Ränge belegen.

Ein weiteres Hemmnis ist die Beschäftigungsproblematik in Deutschland. Auch wenn im Kontext des Aufkommens der New Economy viel Hoffnung in deren Beschäftigungswirkung gelegt wurde, waren die 190.000 Arbeitsplätze, die durch sie geschaffen wurde, nicht ausreichend, um die Beschäftigungssituation wesentlich zu verbessern.

Ebenso wenig kann ein ausgeglichenes Beschäftigungsniveau in Deutschland allein dadurch erreicht werden, dass die forschungs- und wissensintensiven Branchen zum Wachstum angehalten werden. Auch hier ist das Vordringen von Wissen und Technologie als wesentliche Produktionsfaktoren in allen Bereichen der Wirtschaft und nicht zuletzt das Zusammenspiel von Industrie- und Dienstleistungssektor erforderlich. Vor allem in wissensintensiven Dienstleistungen können neue Arbeitsplätze entstehen, welche allerdings einen hohen Qualifikationsstand erfordern. Gelingt es, eine Vielzahl solcher Arbeitsplätze mit hohem Einkommen zu schaffen, ist gleichzeitig für eine erhöhte Nachfrage nach Dienstleistungen mit geringerem Anspruch an die Qualifikation der Mitarbeitern gesorgt.

Fallbeispiele

Deutschland nutzt Potential nicht ausreichend

Die Potentiale an Humankapital, Technologie und Wissen konnten in Deutschland in den letzten zehn Jahren nicht in dem Maße ausgebaut werden, wie es die aktuelle wirtschaftliche und gesellschaftliche Situation erfordert. Im internationalen Vergleich weist Deutschland darüber hinaus einige Unterschiede hinsichtlich der Struktur von Industrie- und Dienstleistungssektoren auf. (4)

-Das wissensintensive Dienstleistungssegment ist in Deutschland verhältnismäßig stark ausgeprägt, während Dienstleistungen, die eine geringe Qualifikation erfordern, vergleichsweise selten vorzufinden sind.

-Deutschland besitzt einen großen forschungsintensiven Industriesektor, wobei der Großteil der diesem Sektor zuzuordnenden Unternehmen im Bereich der hochwertigen Technologie angesiedelt ist. Das Spitzentechnologiesegment ist verglichen mit anderen westlichen Nationen relativ schwach ausgebaut.

Weiterführende Literatur

(1) IT - für alle und nachhaltig? - Vorbereitungen zum UN-Gipfel für die Informationsgesellschaft, c't -

Magazin für Computertechnik, 14.07.03, 15/2003, S. 51
aus Sozialer Fortschritt, Heft 4/2003, S. 108 - 112

(2) Blick in die Zukunft: Trends und Potenziale
aus wirtschaft&weiterbildung, Heft 07/08 2003, S. 8

(3) Müller, Dietegen, Wissensindustrie als Motor der Wirtschaft - Potenzial auch im Gesundheitswesen, Finanz und Wirtschaft, 12.07.2003, S. 22
aus wirtschaft&weiterbildung, Heft 07/08 2003, S. 8

(4) Schumacher, Dieter / Legler, Harald / Gehrke, Birgit, Gute Position Deutschlands bei forschungs- und wissensintensiven Produkten gefährdet, Deutsches Institut für Wirtschaftsforschung, DIW-Wochenbericht 31/03
aus wirtschaft&weiterbildung, Heft 07/08 2003, S. 8

(5) Köllinger, Philipp, Internetnutzung in Deutschland: Nach Boom nun langsamerer Anstieg erwartet, Deutsches Institut für Wirtschaftsforschung, DIW-Wochenbericht 30/03
aus wirtschaft&amp;weiterbildung, Heft 07/08 2003, S. 8

(6) Schumacher, Dieter / Legler, Harald / Gehrke, Birgit, Mehr Wachstum durch langfristig angelegte Innovationspolitik, Deutsches Institut für Wirtschaftsforschung, DIW-Wochenbericht 31/03
aus wirtschaft&amp;amp;weiterbildung,

Heft 07/08 2003, S. 8

Impressum

Volkswirtschaftliche Implikationen der Informationsgesellschaft

Bibliografische Information der deutschen Nationalbibliothek

Die Deutsche Nationalbibliothek verzeichnet diese Publikation in der deutschen Nationalbibliografie; detaillierte bibliografische Daten sind im Internet über http://dnb.d-nb.de abrufbar.

ISBN: 978-3-7379-1584-7

© 2015 GBI-Genios Deutsche Wirtschaftsdatenbank GmbH, Freischützstraße 96, 81927 München, www.genios.de

Alle Rechte vorbehalten. Dieses Werk ist einschließlich aller seiner Teile – z.B. Texte, Tabellen und Grafiken - urheberrechtlich geschützt. Jede Verwertung außerhalb der Grenzen des Urheberrechtsgesetzes bedarf der vorherigen Zustimmung des Verlags. Dies gilt insbesondere auch für auszugsweise Nachdrucke, fotomechanische

Vervielfältigungen (Fotokopie/Mikroskopie), Übersetzungen, Auswertungen durch Datenbanken oder ähnliche Einrichtungen und die Einspeicherung und Verarbeitung in elektronischen Systemen.